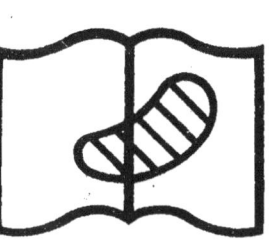

Illisibilité partielle

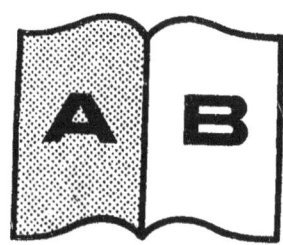

Contraste insuffisant
NF Z 43-120-14

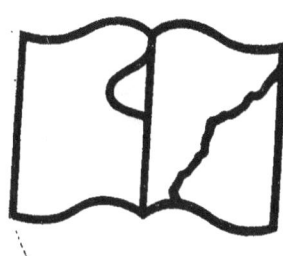

Texte détérioré — reliure défectueuse
NF Z 43-120-11

Valable pour tout ou partie
du document reproduit

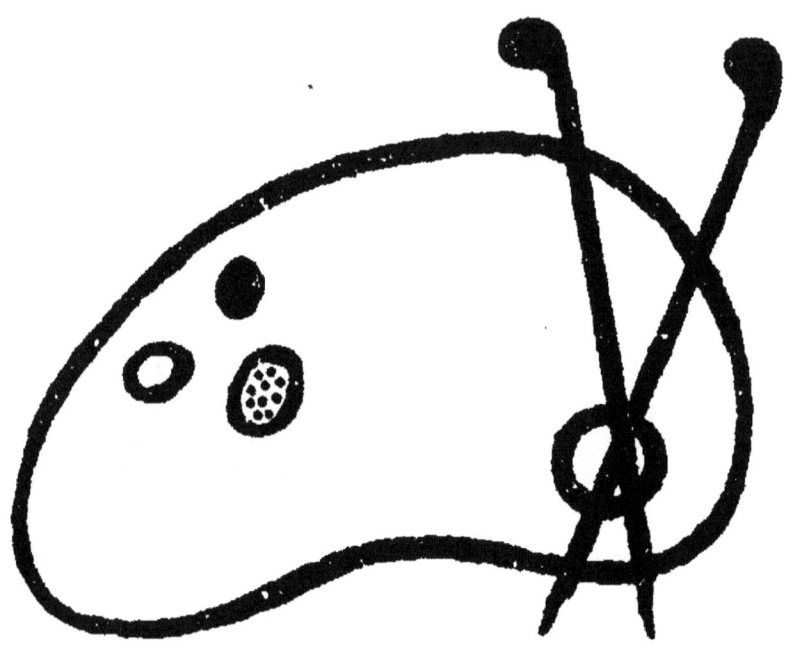

Original en couleur

NF Z 43-120-8

L'ÉPOQUE ÉBURNÉENNE

ET LES

RACES HUMAINES

DE LA PÉRIODE GLYPTIQUE

PAR

Ed. PIETTE

SAINT-QUENTIN

IMPRIMERIE CHARLES POETTE, RUE CROIX-BELLE-PORTE, 21

1894

L'ÉPOQUE ÉBURNÉENNE

ET LES

RACES HUMAINES

DE LA PÉRIODE GLYPTIQUE

PAR

Ed. PIETTE

SAINT-QUENTIN

IMPRIMERIE CHARLES POETTE, RUE CROIX-BELLE-PORTE, 21

1894

L'ÉPOQUE ÉBURNÉENNE

ET LES

RACES HUMAINES

DE LA PÉRIODE GLYPTIQUE

———

La période glyptique comprend deux grandes époques : l'époque éburnéenne ou âge de l'éléphant, et l'époque tarandienne ou âge du renne.

L'époque éburnéenne commença au temps où les grands glaciers mostériens se fondaient. La température s'était adoucie. Les névés, sous lesquels étaient ensevelis les plateaux élevés et les monts, s'amollissaient, et, de leurs nappes neigeuses que l'on avait pu croire éternelles, s'échappaient des milliers de ruisselets descendant par des pentes torrentueuses et se réunissant dans les plaines. Les rivières, démesurément grossies par l'apport de pluies abondantes, s'étalaient dans les vallées. Les hippopotames étaient revenus habiter les cours d'eau de notre terre de Gaule. Les forêts qu'avaient rabougries ou fait disparaître les trop longs hivers et les frimas persistants s'étaient reconstituées. Les rhinocéros, les bandes de mammouths, les troupeaux de chevaux couvraient nos plaines où le grand félin des cavernes, l'hyène tachetée, la panthère, l'ours des cavernes et l'homme cherchaient leur proie. Les populations alors existantes dans nos régions auraient pu se croire revenues à la lointaine période de Chelles, si elles en avaient conservé la tradition et si les mammouths n'avaient été si nombreux autour d'elles. Sous l'influence du soleil et de l'humidité, la vie pullulait partout, surtout dans le midi de la France. Là s'étaient longtemps conservés les éléphants antiques ; reculant devant les intempéries du Nord, ils s'étaient réfugiés dans des sortes d'oasis où l'influence du climat maritime se faisait sentir, les désertant en été pour se répandre dans les vastes plaines, y revenant en hiver, et ils y avaient laissé des variétés qui rappelaient leurs formes typiques plus que celles des mammouths avec lesquels elles s'étaient peut-être croisées quelques fois. Et voilà qu'au renouveau d'un climat tempéré ces variétés tendaient à reproduire les formes ancestrales.

Aux temps glaciaires, une partie des familles humaines s'était réfugiée dans les cavernes pour éviter le froid ; l'autre avait continué à vivre dans des huttes, au bord des fleuves ou sur les collines, rude et grossière population, tenue constamment en haleine par les besoins de la vie matérielle, fortifiée par la fatigue et l'endurance, n'ayant guère d'idées supérieures à celles de la brute. Ses inventions avaient eu toutes un but utilitaire. Dans les conditions difficiles où elle avait vécu, la mort avait fauché tous les enfants chétifs ; une sélection naturelle implacable n'avait épargné que les robustes.

Quand les glaciers mostériens commencèrent à se

fondre, l'homme favorisé par un climat devenu clément porta sa demeure hors des grottes et la plaça à l'abri d'escarpements rocheux. Sans doute, il y eut encore des cavernes habitées, surtout en hiver, par des familles qui s'installaient en plein air devant leur entrée, pendant la saison d'été ; mais, le plus souvent, il n'y eut que de simples abris à côté de la station. Heureux de vivre en pleine lumière, n'ayant plus à supporter ni les vents impétueux du Nord qui renversaient sa cabane, ni les frimas qui lui fouettaient le corps, l'homme eut enfin des heures de calme et de bien-être relatif, pendant lesquelles il sentit se développer son génie inventif. Il transforma le vieil outillage mostérien, et s'achemina vers les formes élégantes de l'industrie sulistrienne.

Bien souvent, à la chasse et dans ses pièges, il avait pris de jeunes chevaux, et quand la proie avait été abondante il les avait gardés pour les jours de détresse ; mais il n'avait pu les conserver pendant les longs hivers neigeux, faute de fourrages et peut-être de prévoyance. Maintenant, cette conservation était devenue facile. Il eut des chevaux apprivoisés qui lui servirent d'abord soit comme appelants, soit pour s'approcher plus facilement des équidés sauvages. Ces chevaux se reproduisirent entre eux et firent souche d'une race peu craintive et familière avec ses maîtres. Il comprit bien vite l'utilité d'en élever des troupeaux qu'il domestiqua, non pour les faire travailler, mais pour se nourrir de leur chair ; et il inventa la chevêtre. Alors la vie devint aisée pour lui, et il put prendre des habitudes régulières ; sûr de la nourriture du lendemain, il eut ses jours de repos et de méditation. Alors, pour la première fois, l'instinct du beau, inhérent à notre espèce, s'éveilla chez lui et lui découvrit des horizons nouveaux. Il sentit en lui comme une germination de sentiments qu'il n'avait jamais éprouvés avant cette heure ou que les dures nécessités d'une existence difficile avaient étouffés dès qu'ils s'étaient manifestés. Il eut des aspirations vers l'idéal, et l'homme apparut enfin dépouillé de l'animal.

Bien ignorant encore, ne connaissant pas même l'art de tirer le métal du minerai, il n'avait pour outils que des éclats de silex. Avec ces instruments imparfaits et fragiles, il façonna de nombreux ustensiles en os et sculpta l'ivoire du mammouth. Il représenta, par des statuettes, les êtres qui l'entouraient. Sur les lames d'ivoire trop minces pour être travaillées en ronde-bosse, il cisela des reliefs où il ne figura pas seulement des êtres animés, mais des ornements enfantés par son imagination. Ce fut surtout dans les régions de collines sous-pyrénéennes, voisines de l'Océan et de la Méditerranée que l'art prit son essor. Epris des formes féminines, leurs habitants excellèrent à représenter la femme. Il semble que ce fut l'amour qui incita le premier sculpteur à faire vivre l'ivoire sous les traits de la jeune fille aimée. Quelques-unes de ces statuettes n'ont guère plus de valeur artistique que des poupées, mais il en est d'autres admirablement modelées. Il y eut de véritables artistes. A la vérité, ils ne cherchèrent pas comme les nôtres à faire des groupes, à représenter une action en donnant à leurs personnages l'expression et l'attitude que commande la situation où ils se trouvent; ils ne connurent pas cet art compliqué. Ils s'efforcèrent de rendre les formes voluptueuses de la femme, et ils y réussirent parfois admirablement.

L'époque éburnéenne est représentée par deux sortes de stations : celles des plateaux du nord-est de la France, où le climat était continental, et celles du midi, situées assez près du littoral pour que l'influence du climat maritime s'y soit fait sentir. Le type des premières est Solutré, en Mâconnais, celui des secondes est Brassempouy-en-Chalosse.

Le gisement de Solutré a été étudié avec soin par M. Arcelin. Il y distingue deux assises principales de l'époque quaternaire : les *amas d'ossements de chevaux* et les *foyers de l'âge du renne*.

Les *amas d'ossements de chevaux* sont formés presqu'exclusivement des débris de ce solipède. On estime à 100,000 le nombre des individus dont la pioche a remué les restes en cet endroit. Avec eux étaient des os épars de renne, d'ours des cavernes, d'aurochs, de mammouths, et de nombreux silex, notamment de grandes et belles lames retouchées sur les bords, de lourds instruments amygdaloïdes taillés à grands éclats, la pointe du Moustier, des percuteurs en roches dures. M. Arcelin n'y a jamais rencontré ces pointes de flèches ni ces têtes de lance si caractéristiques des *foyers de l'âge du renne*. La couche à ossements de chevaux a été affectée par des glissements qui l'ont légèrement disloquée et fortement plissée à une époque d'humidité. Cette époque est probablement celle de la fusion des glaciers (*). C'est dans les dépressions de

(*) La quantité d'ossements de chevaux rencontrés dans cette assise prouve que ces animaux étaient déjà semi-domestiqués quand le conglomérat où ils sont enfouis s'est formé. On y trouve tous les os du squelette; ils étaient donc abattus sur place. Si on les avait tués à la chasse, on les aurait dépecés pour les rapporter, et certains os manqueraient. Les amoncellements d'ossements de chevaux de Solutré paraissent appartenir à l'époque de la fusion

ces amas, après les glissements qui les ont ondulés, qu'ont été formés les foyers de l'âge du renne que l'on trouve tantôt en contact avec eux, tantôt séparés par une couche d'éboulis. Dans les *amas d'ossements de chevaux*, on n'a pas rencontré d'instruments en os ni en ivoire; il en est autrement dans des foyers du même type épargnés par les glissements, que M. Arcelin a nommés *foyers à ossements de chevaux*. L'abbé Ducrost y a recueilli de nombreux silex parmi lesquels on remarque de gros instruments amygdaloïdes taillés des deux côtés, la pointe mostérienne, le racloir mostérien, de nombreuses lames de grande dimension, le disque, le grattoir, et avec eux des poinçons en os, des amulettes en os ou en ivoire percés d'un trou de suspension, et un fragment de chevêtre en ramure de renne. Les débris d'animaux trouvés parmi ces objets sont: *canis lupus, canis vulpes, felis spelæa, hyæna spelæa, arctomys primigenia, elephas primigenius, equus caballus, cervus tarandus, antilope saïga*. L'emplacement de ces foyers a été encore habité à l'époque de la pierre polie, ou à l'époque élaphienne, car M. Arcelin dit qu'on y a rencontré des fragments de silex, d'arkose

des glaciers mostériens. Il est très probable que les glissements de terrains ont eu lieu en plusieurs fois.

Le cheval a continué dans le midi de la France, à être la nourriture principale de l'homme pendant les âges qui ont suivi. Il n'y a été remplacé par le renne qu'à l'époque cervidienne, et ce remplacement n'a été à peu près complet que dans les pays de montagne. Dans le Mâconnais, il a commencé beaucoup plus tôt, puisque, dans les foyers de l'âge du renne, les os de ce cervidé sont plus communs que ceux des équidés. La période équidienne dont le commencement date de la fusion des glaciers mostériens, a donc été très courte dans le Nord, tandis que dans le Midi elle s'est prolongée pendant la plus grande partie de l'époque magdalénienne.

et de porphyre taillés en coins, et un percuteur qui présente un plan de polissage fait à la meule sur deux de ses côtés.

Les *foyers de l'âge du renne* de Solutré sont caractérisés par les nombreux ossements de ce cervidé. Les autres espèces d'animaux dont on y a trouvé les débris sont : *canis lupus, canis vulpes, hyœna spelœa, ursus spelœus, elephas primigenius, equus caballus, cervus canadensis, bos primigenius*. Au point de vue industriel, l'assise est caractérisée par les belles pointes de lances et de flèches que connaissent tous les archéologues. Mais ces pointes ne sont pas les seuls silex qu'on y rencontre. Les gros instruments amygdaloïdes du Moustier y figurent dans la proportion de deux pour cent à côté des pointes typiques de Solutré. On y trouve aussi la pointe et le racloir mostériens. Les lames y sont généralement de petite dimension. Enfin, on y a recueilli quatre figurines de cervidés en pierre tendre, des espois de renne percés d'un trou, diverses sortes d'instruments en os (*).

Le gisement de Solutré est donc pauvre au point de vue de l'art. Celui de Laugerie-haute paraît avoir été plus pauvre encore en sculptures. Il contient à la base de nombreux silex mostériens, et des pointes de

---

(*) M. Arcelin cite encore une gravure sur os qui est certainement magdalénienne, et ce n'est assurément pas le seul objet magdalénien que l'on ait rencontré dans cette assise. Leur présence s'explique par la continuité de l'habitation sur le même emplacement pendant une succession d'époques différentes. Il ne faudrait pas attribuer à la même cause le mélange de silex de formes mostériennes avec les pointes typiques de Solutré. On observe ce mélange dans tous les gisements du Nord et du Midi. Ils sont là parce qu'il y a eu transformation d'industrie et que, pendant cette évolution, les types anciens n'ont pas tout d'abord été complètement abandonnés.

Solutré dans toute sa hauteur. M. de Vibraye y a recueilli des os de mammouths, de rhinocéros à narines cloisonnées, d'hippopotames, de félins des cavernes, d'ours des cavernes. Mais, jusqu'à présent, on n'y a signalé aucune œuvre d'art Il n'en appartient pas moins à l'époque éburnéenne. Les familles qui ont habité cette station étaient restées rebelles au souffle civilisateur. Elle forme un bien grand contraste avec celle de Brassempouy où l'art s'éleva à une grande hauteur.

Le gisement de Brassempouy contenait des assises magdaléniennes que M. de Poudenx fit enlever en 1880 et 1881. Il n'y restait plus que l'assise éburnéenne quand M. de Laporterie reprit les fouilles en 1891. Je fus mis au courant de ses découvertes, et j'en reconnus de suite toute l'importance. La station est d'une grande richesse, tant au point de vue de la faune qu'à celui de la sculpture et de l'industrie. Chaque coup de pioche y relève des débris d'animaux éteints. On y a trouvé le grand félin des cavernes, la panthère, l'hyène tachetée, le loup, le renard, l'ours des cavernes, le rhinocéros à narine cloisonnées, le mammouth (*),

---

(*) J'ai plusieurs fois, dans les pages qui précèdent, employé les mots *elephas primigenius* pour désigner le mammouth, et c'est toujours à regret que je les écris. Loin d'être le plus ancien des éléphants, ce pachyderme est le dernier parmi les espèces éteintes. Ce nom de *primigenius* est donc une contre-vérité et, pour cette raison, il doit être abandonné. On peut donner des noms insignifiants, ou mal choisis ; ils doivent être respectés, s'ils ont la priorité. Il n'y a pas de priorité pour les noms qui expriment un fait contraire à la réalité. On ferait bien mieux d'appeler cet éléphant *penultimus* ou *septentrionalis* ou même, si l'on ne craint pas un barbarisme *mammouthus*. Le nom de *septentrionalis*, par opposition à celui de *méridionalis* qui a été donné à un autre éléphant serait celui qui conviendrait le mieux.

une variété d'éléphant très voisine de l'*elephas antiquus* si ce n'est l'eléphant antique lui-même, le cheval, l'aurochs, le renne, le cerf elaphe. Les os de renne y sont extrêmement rares, ceux de mammouth communs, ceux de cheval en très grande abondance. Les silex sont semblables à ceux de Solutré. On y remarque quelques formes du Moustier, bien plus communes à la base qu'à la partie supérieure de l'amoncellement. Les pointes de sagaye n'y sont pas rares et l'on peut y recueillir, surtout dans la partie supérieure, des grattoirs, des lames, des perçoirs dont l'usage s'est continué pendant la période magdalénienne. Mais ce qui fait surtout l'intérêt de ce gisement, ce sont les figurines en ivoire. Parmi les femmes qui ont été représentées par la sculpture, il y en avait de stéatopigiques dont les gibbosités fessières avaient l'aspect de celles des Boschismanes. Elles avaient aussi, comme les femmes de cette race, les nymphes tellement allongées qu'elles formaient un appendice pendant entre les cuisses. Même chez les femmes sans gibbosité, le développement des nymphes était considérable, et il y avait une tendance à l'exagération du système adipeux dans le bas du corps. Le développement du système pileux était un caractère de la race. Les poils disposés par bandelettes couvraient le ventre, même au-dessus du nombril et s'étendaient sur la poitrine. Ces formes étranges déconcertent d'abord l'observateur qui regarde ces statuettes, et nuisent à l'appréciation du talent de l'artiste. Mais quand on s'est familiarisé avec elles, on admire l'habileté du sculpteur qui a su représenter la femme à l'âge où ces contours ne sont pas sans charme, sans attendre les années qui devaient en faire des paquets de graisse pendante. La forme gracieuse des cuisses, la convexité du bas du ventre sont rendues avec une grande dextérité. Je ne parle que du tronc, car la tête et les membres sont ordinairement brisés. Une figurine avait cependant conservé les jambes ; elles étaient grêles et contrastaient avec l'ampleur des cuisses.

Ce fut en 1881 que je visitai le gisement de Brassempouy pour la première fois. MM. de Laporterie et Dubalen m'y avaient appelé, après les fouilles de M. Poudenx, pour examiner la station. Les assises magdaléniennes seules avaient été explorées. Cependant quelques coups de pioche donnés dans le conglomérat inférieur avaient relevé des os de rhinocéros et de mammouths. Dans une cavité voisine de celle qui avait été fouillée je vis des ossements et des coprolithes d'hyènes. Enfin, on me fit remarquer un autre endroit de la colline où l'on avait trouvé, parmi les éclats, un de ces gros silex amygdaloïdes taillés de deux côtés, qui sont nombreux dans les gîtes mostériens. Ce silex et les débris d'animaux éteints m'avaient beaucoup intrigué. De retour à Eauze où j'habitais, j'écrivis à l'un des directeurs des *Matériaux* pour lui faire part des découvertes faites dans ce gisement. Il voulait publier ma lettre dans sa revue. Je m'y opposai pour deux raisons : n'ayant pas fouillé moi-même et n'ayant vu les choses que très rapidement, je n'étais pas assez sûr de l'exactitude de mes impressions pour les communiquer au public ; mais surtout je ne voulais pas m'emparer de la découverte d'autrui. M. Dubalen, qui avait dirigé les travaux pour M. Poudenx était capable d'écrire un article, et, à son défaut, c'était à M. de Laporterie à le faire. Je leur écrivis ; je les engageai à envoyer une note aux *Matériaux*, et une brève communication à l'Académie des Sciences. M. Dubalen suivit mon conseil.

Les recherches furent interrompues pendant les années suivantes. Ce fut seulement en 1891 que M. de Laporterie les continua. Il recueillit de nombreux ossements d'espèces éteintes, des pointes sulistriennes en silex, deux pointes mostériennes et des objets en ivoire. L'ivoire était la matière première que façonnaient les sculpteurs et les fabricants de certains instruments. Il tenait, dans l'industrie, la place que devait occuper, dans l'âge suivant, la ramure du renne. D'où le nom d'*éburnéenne* que j'ai donné à cette époque, par opposition à celui de *tarandienne* par lequel j'ai désigné l'époque suivante.

Je compris immédiatement l'importance de l'assise que M. de Laporterie explorait. Ce n'était plus un gisement magdalénien comme en 1881, c'était un ensemble de vestiges d'une époque plus ancienne sur laquelle on n'avait que des données très incomplètes. Il fut convenu que ses découvertes seraient publiées dans mon ouvrage *Les Pyrénées pendant l'âge du renne* et nous projetâmes de faire ensemble des fouilles suivies dans les gisements de Brassempouy. Un autre affleurement d'os et de silex me fut signalé dans la région. Fier des résultats que j'avais obtenus au Mas d'Azil, je me réjouissais à la pensée de voir les débuts de la période glyptique éclairés d'une lumière aussi intense que celle que je venais de projeter sur sa fin et sur l'époque longtemps ignorée qui lui avait succédé. Mon œuvre allait donc être complétée. Après vingt années d'un travail opiniâtre et des dépenses considérables, j'étais parvenu au but de mes efforts.

Il ne me restait plus qu'à faire, avec patience, l'étude statigraphique des couches éburnéennes, dont les dernières avaient été seules étudiées par M. de Laporterie, à les comparer avec la partie inférieure du conglomérat tarandien des grottes pyrénéennes et avec les assises mostériennes antérieures à la fusion des glaciers, enfin à noter leurs rapports avec les *foyers à ossements de chevaux* de Solutré. J'allais imprimer aux fouilles ma direction personnelle, coordonner les faits et reconstituer encore une époque, avec l'aide de mes collaborateurs dont je proclamerais le mérite et mettrais en relief les découvertes.

Ce fut un beau rêve. Une imprudence de ma part et le manque de scrupule d'un collègue devait le faire évanouir.

En 1892, l'Association française pour l'avancement des Sciences vint tenir son congrès à Pau. Le président de la section d'anthropologie me pria de lui indiquer, dans la région, une station préhistorique digne d'être visitée. Celle de Brassempouy était oubliée. Personne ne soupçonnait l'importance de la découverte de M. de Laporterie. Nul ne se doutait de l'existence d'une population artistique avant l'époque de la Madelaine. Brassempouy est situé dans un pays peu fréquenté, loin de tout chemin de fer. Je n'avais qu'à n'en pas dire un mot, il passait inaperçu et restait ignoré; je le conservais comme l'atelier dans lequel j'allais travailler, comme un champ d'étude où nul importun ne viendrait me troubler. La prudence me conseillait le silence. Ne savais-je pas que mes fouilles et les vérités préhistoriques que j'avais proclamées m'avaient suscité une foule d'envieux dans le Midi de la France, où l'on regrettait de voir un homme du

Nord faire connaître l'archéologie de ce pays ? N'avais-je pas vu, dès que j'explorais une station, accourir autour de moi des chercheurs de bibelots, s'efforçant de corrompre mes ouvriers ou les personnes chez lesquelles étaient déposés les objets trouvés, pour les acquérir à vil prix ? Ne savais-je pas par expérience qu'il y a dans les sciences, comme partout ailleurs, des flibustiers toujours prêts à s'engager dans le chemin d'autrui, si l'on n'a pas la sagesse de le leur cacher ? Je ne l'ignorais pas; mais je n'ai jamais pu me débarrasser d'une croyance vraiment trop naïve à l'honnêteté des hommes et je sens que, sous ce rapport, je suis incorrigible. Il me sembla louable de convier l'Association française à Brassempouy, et là, au milieu des ossements si divers et des œuvres d'art que renferme cette station, de faire surgir à ses yeux l'époque éburnéenne. Je crus que cela serait digne à la fois d'un homme qui avait consacré sa fortune et sa vie à la science préhistorique et de la savante Société qui se renseignait près de lui. Il ne me vint pas à la pensée qu'il pourrait se trouver des personnes assez indélicates pour chercher à profiter de cette divulgation en se substituant à M. de Laporterie et à moi dans l'exploration des gisements ; et j'étais persuadé que si un pareil misérable se présentait, il ne recueillerait que le mépris public, au lieu de la renommée qu'il aurait cherchée. Je désignai Bressempouy. M. de Laporterie obtint de M. de Poudenx la permission, pour l'Association, de pratiquer des fouilles dans sa propriété. Je veux jeter un voile sur ce qui se passa alors. Il ne me plaît pas de remuer cette fange. Je ferai plus tard, s'il y a lieu, l'histoire des faits blâmables et délictueux qui attristèrent notre excursion de Boissempouy. Il me suffit en ce moment de dire qu'une partie seulement des objets trouvés fut mise sous les yeux des membres du Congrès et que l'Association française, flétrissant des agissements coupables, fit faire, autant qu'il lui fut possible, la restitution des objets détournés. On m'a assuré que les ouvriers de l'Association française auraient trouvé un fragment de mâchoire d'hippopotame et des silex mostériens que l'on se serait hâté de dissimuler, pour que les membres du congrès et moi surtout, nous ne puissions apprécier le caractère du gisement. Cela me paraît trop machiavélique pour être vrai ; mais je ne serais pas étonné que l'on recueillît à Brassempouy des os d'hippopotame. Quant aux silex mostériens, on en a trouvé en divers endroits sur les pentes de la colline, et je suis persuadé que l'on en rencontrera beaucoup.

Là ne devait pas s'arrêter la série de mes désillusions. Dès le lendemain de l'excursion de Brassempouy, un membre du congrès proposa, en séance, à la section d'anthropologie, de décider que le gisement serait fouillé pour le compte de l'Association française avec de l'argent qui restait en caisse. Je fis remarquer que ce serait singulièrement reconnaître les bons procédés de M. de Laporterie et les miens, que ce serait renouveler la fable de « la lice et sa compagne ». Il ne se trouve personne pour appuyer sa cynique proposition. Mais l'importance des gisements était connue, et il ne manqua pas de gens peu scrupuleux qui cherchèrent à s'en emparer à notre détriment. Ils croyaient venir à la curée. Ils furent d'abord évincés. Malheureusement une attaque très grave d'influenza, suivie de plusieurs rechutes, m'empêcha d'aller à

Brassempouy. Ce fut un fâcheux contre-temps. Les frelons pillèrent le miel des abeilles. *Sic vos non vobis...*

Toutefois, M. de Poudenx ne leur a pas abandonné le gisement qu'a visité l'Association, et il continue à permettre à M. de Laporterie et à moi d'y faire des fouilles.

Vers la fin de l'époque éburnéenne, l'atmosphère devint moins humide, les nuits furent plus claires, le rayonnement vers les espaces éthérés plus intense. Les cours d'eau amoindris coulèrent dans des lits plus étroits ; les mares se desséchèrent ; le climat fut sec et froid, et l'époque tarandienne commença. L'homme chercha de nouveau l'abri des cavernes, et se rapprocha des Pyrénées où elles étaient très nombreuses. Les éléphants, vivant sur un sol plus desséché et dans des forêts que les frimas rabougrissaient de nouveau, devinrent moins nombreux, et leurs bandes furent rares, même dans les pays de plaine ou de collines les plus favorisés ; car l'emploi de l'ivoire y cessa presque aussi complètement que dans les montagnes où le mammouth ne s'aventurait guère. Il fut remplacé par la ramure du renne. Mais le bois de ce cervidé est aplati ; le milieu en est spongieux ; la portion corticale se prête seule à la sculpture. De là une grande difficulté et une presqu'impossibilité de faire de la sculpture en ronde bosse avec cette matière. Après quelques essais dont on trouve les vestiges à la partie inférieure de l'assise qui représente cette époque, les artistes y renoncèrent et ne tentèrent plus de donner à leurs figurines l'épaisseur qui leur aurait convenu. Leurs statuettes ne furent plus, en réalité, que deux reliefs accolés l'un à l'autre, raccordés par un dos et par un ventre sans largeur. Ils finirent par ne plus faire que des reliefs simples. Ce fut sous l'empire de la nécessité que cette évolution s'accomplit. La matière sculptable fut la seule cause de l'abandon de la sculpture en ronde bosse. Ainsi, si l'on se place au point de vue de l'art, il faut admettre que l'époque éburnéenne fut caractérisée par la sculpture en ronde bosse, et que la première partie de l'époque tarandienne, le fut par la sculpture en relief. La présence de reliefs, dans les amas éburnéens, et de rares figurines en ronde bosse à la base des amas tarandiens, ne peut infirmer cette conclusion. L'époque de la sculpture présente donc deux phases : la phase *périphanésique* (de *périphanès*, visible de tous les côtés, sculpté en plein relief, en ronde bosse) et la phase *prostupique* (de *prostupos*, sculpté en demi-relief, sculpté d'un seul côté). Les animaux qui vécurent pendant la seconde phase furent les mêmes que pendant la première, à l'exception de l'hyène et de l'hippopotame, dont je n'ai jamais trouvé les débris dans les amas tarandiens. Le grand félin et l'ours des cavernes devinrent rares et s'éteignirent. Le rhinocéros, dont je n'ai jamais rencontré les débris dans les conglomérats prostupiques des Pyrénées, a été indiqué comme ayant vécu à cette époque, et même plus tard, dans la vallée de la Tardoire. Le cheval fut, comme par le passé, l'aliment ordinaire de l'homme. Le renne fut assez abondant et très recherché pour ses ramures. L'antilope saïga habitait nos montagnes. Je n'ai rencontré, dans les amoncellements à reliefs, ni silex de forme mostérienne, ni pointe de sagaie ou de flèche de forme sulistrienne. Les autres silex sont à peu près les mêmes que ceux de Solutré. De très nombreux instruments en ramure de renne caractérisent l'industrie de cette époque.

On peut se demander si les gisements périphanésiques et prostupiques ne sont pas deux types différents d'une même époque, le type des pays montagneux et celui des collines peu élevées. Je ne pense pas. La différence des faunes pourrait, à la rigueur, s'expliquer par l'action du froid qui sévit dans les montagnes beaucoup plus que dans les plaines. Celle des modes de sculptures pourrait être attribuée à la même cause, puisque le renne est l'hôte des régions froides et le mammouth celui des vallées. Mais comment expliquer celles des industries? Elles semblent très considérables. Il est vrai que l'industrie éburnéenne est très peu connue, et qu'il est prudent de ne pas être trop affirmatif tant qu'elle ne sera pas décrite. Mais il y a des raisons stratigraphiques qui me font penser qu'il y a réellement deux époques distinctes. Admettre qu'il n'y a que deux types de gisements contemporains, ce serait synchroniser Solutré avec la Madelaine, car le solutréen de M. de Mortillet, c'est, sinon en totalité, du moins en partie, l'éburnéen ; et son magdalénien comprend à la fois l'époque prostupique et presque toutes les autres phases postérieures de l'époque glyptique. On ne peut songer à synchroniser l'éburnéen inférieur dont le faciès est mostérien avec le prostupique; et l'éburnéen supérieur, dont l'aspect est franchement sulistrien, me paraît également, dans son ensemble, être rebelle à toute assimilation avec le tarandien inférieur. La couche la plus ancienne de celui-ci peut seule être mise, non sans quelques hésitations, en regard de la couche la plus récente de l'éburnéen supérieur.

Le conglomérat des gravures à contours découpés recouvre l'assise à sculptures en relief. C'est une couche de transition. Au-dessus d'elles sont les amas à gravures simples. Je ne donnerai pas ici une description de ces divers amoncellements. Je l'ai fait ailleurs. Je ne les mentionne que pour faciliter l'étude que je vais faire des races humaines pendant la période glyptique.

Les sculpteurs de l'époque éburnéenne s'étaient plu à faire des statuettes de femmes. Ceux de la phase prostupique essayèrent rarement de représenter les formes humaines. J'ai cependant trouvé au Mas d'azil une figurine de femme taillée dans une dent incisive de cheval. Le dos et le bas du corps n'ont pas été achevés; mais la tête, la poitrine, le ventre fournissent de précieuses indications. Le ventre, notamment, a la forme très caractéristique de celui des femmes stéatopigiques erbunéennes. Cette race habitait donc encore la région pyrénéenne à l'époque prostupique et l'on peut en donner la caractéristique exacte. Voici quelle était la conformation de la femme dans cette race :

Visage en losange. Pommettes des joues légèrement saillantes (une ébauche de sculpture représentant une tête humaine et faisant partie de la collection de M. Massénat a les pommettes très saillantes). Front presque droit, occupant plus du tiers du visage. Nez gros, jamais épaté. Lèvres épaisses. La lèvre supérieure avance parfois au-dessus de la lèvre inférieure. Menton sans relief, comme celui de la mâchoire de la Naulette. Oreilles épaisses pourvues d'un lobe inférieur étroit, allongé, très distinct, adhérent à la joue. Cheveux très courts, parfois hérissés (cette notion n'est pas absolument certaine. L'homme pouvait avoir déjà l'habitude de les couper). Seins de la femme longs, étroits, pendants, terminés par des bouts dont un sculpteur a peut-être exagéré la grosseur, car il leur a donné l'aspect de tettes. (D'après un renseignement qui m'est adressé, une statuette aurait les seins pyriformes. Je ne l'ai pas vue, mais c'est possible. Il y avait déjà probablement, dès le début de la période glyptique, des mélanges de races.). Diamètre antéro-postérieur, de la poitrine au dos, très grand relativement au diamètre latéral. Partie inférieure du corps remarquable par le développement du système adipeux. Ventre volumineux, pendant, épais d'avant en arrière ; latéralement comprimé, et proéminent en avant. Sa partie saillante, constituée probablement par un tissu graisseux, forme une bande plate et étroite allant du creux de l'estomac jusqu'au-dessous du nombril. Cette bande se relie à angle obtus avec les flancs qui sont obliques et vastes. Système pileux très développé sur tout le corps. Poils disposés par bandelettes sur la poitrine et sur le ventre, même au-dessus du nombril. Gibbosités fessières remarquables. Cuisses courtes, épaisses, ayant la forme d'un cône renversé, à très large base, enveloppées, à la face externe, de masses fibro-graisseuses qui se prolongent pardevant en une lame épaisse et ne s'arrêtent qu'au voisinage du genou. Jambes grêles. Organes sexuels caractérisés par l'atrophie des grandes lèvres et le développement des petites. Celles-ci sont quelques fois si allongées qu'elles forment un appendice pendant entre les cuisses, semblable à ce que l'on a nommé le tablier des Boschismanes. J'ai décrit la femme de cette race et non l'homme, par ce que je n'ai jamais vu de statuette d'homme de ces époques. D'ailleurs, dans les races stéatopigiques, les femmes seules ont des gibbosités fessières, et la stéatopigie ne laisse aucune trace sur le squelette.

La grandeur du diamètre antéro-postérieur du thorax, l'épaisseur des lèvres, la forme des seins dénotent des affinités entre cette vieille race et la race nègre. La stéatopigie et le développement des nymphes la rapprochent des Bosjimanes dont elle est séparée par de nombreux caractères, notamment les traits du visage.

A côté des femmes à gibbosités fessières, il y en avait d'autres, à l'époque éburnéenne, qui en étaient dépourvues et dont les nymphes, sans être aussi allongées que celles des femmes que je viens de décrire étaient cependant très développées. Les sculpteurs représentaient leurs organes sexuels par un losange. Ils figurèrent par une simple raie ceux des femmes dont les grandes lèvres enfermaient et masquaient les petites ; mais j'ignore s'il y avait déjà, dans notre pays, des femmes présentant ce dernier caractère au commencement de l'époque glyptique. La Vénus de M. de Vibraye, sur laquelle on peut le remarquer, passe pour magdalénienne, quoiqu'elle soit en ivoire.

La race stéatopigique subsistait probablement encore dans le midi de la France à l'époque des gravures à contours découpés. C'est à cette époque ou à la fin de celle des sculptures en relief que je rapporte une gravure de femme au champlevé que j'appelle la *femme au renne* et qui est généralement connue sous le nom de *femme enceinte*. C'est un curieux exemple de métissage résultant du croisement de la vieille race velue, à gibbosités fessières, avec une race qui n'était ni stéatopigique ni longinymphe. Cette femme est velue sur tout le corps; ses jambes sont grêles, mais elle n'a pas de gibbosité et ses organes sexuels sont figurés par une simple raie. Il y avait donc certainement à cette époque deux races humaines différentes dans le bassin de la Garonne.

Les gravures de l'époque cervidienne, à l'inverse des sculptures de l'âge précédent, représentent plus souvent l'homme que la femme. Elles sont généralement trop mal faites pour donner des renseignements précis. On peut cependant en induire que la race qui s'était croisée avec les anciens habitants stéatopigiques avait alors pris le dessus. Les jambes de l'homme chassant l'aurochs ne sont nullement grêles; son menton n'est pas fuyant; l'oreille est légèrement pointue. La race de Cro-Magnon dont on a retrouvé les vestiges osseux, était sans doute alors prépondérante, et peut-être y en avait-il d'autres qui sont encore inconnues de nous. Pendant toute la durée des temps glaciaires, il y eut, dans nos contrées, des apports humains venus non de l'Orient, comme on l'a prétendu contre toute vraisemblance, mais d'un continent qui avait relié les îles britanniques à l'Amérique du Nord et qui s'effondrait à l'ouest de nos côtes. M. de Lapparent, dans une brochure récemment publiée, a réuni toutes les preuves géologiques à l'appui de l'existence de cette vaste terre atlantique; elles sont convaincantes. Disloquée dès la fin de l'époque tertiaire, elle avait alors formé de grandes îles qui sombrèrent à leur tour, dans la mer. Effrayés par des mouvements du sol sans cesse renaissants, leurs habitants cherchèrent un refuge dans nos régions où régnait un calme relatif. Ils s'installèrent d'abord sur les rives de nos fleuves, puis dans nos cavernes, et ce fut ainsi que, pendant la série des temps glaciaires, il y eut à diverses reprises, dans l'Europe occidentale, des immigrations qui mirent en présence diverses races humaines qui finirent par se croiser entre elles.

De nos jours, la stéatopigie est normale chez les Boschimanes; il en est de même de l'appendice formé par les nymphes. On rencontre la même conformation chez beaucoup de femmes Hottentotes. Revoil a observé de nombreuses femmes stéatopigiques dans le Somal où il y a des mélanges de races. On en a signalé des cas isolés chez les Namaqua, les Cafres, les Nigritiens du Nil et même, suivant Hartmann, chez les Berbères et les Bongos. Tremeau de Rochebrune a décrit la stéatopigie particulière des femmes Ouoloves.

Les anciens Egyptiens ont connu des populations stéatopigiques. La reine Hatasou ayant ordonné une expédition pacifique au pays des Aromates, fit édifier le temple de Deir-el-Bahari pour en perpétuer le souvenir. Dans ses bas-reliefs, on voit les chefs des gens de Poun offrir spontanément les produits de leur sol au général égyptien, débarqué sur leur rivage. L'un d'eux est accompagné de sa femme, remarquable par sa gibbosité fessière. Le docteur Hamy a démontré que le pays de Poun n'était autre que le Somal, sur les bords de la mer Rouge, où il y a encore beaucoup de femmes stéatopigiques et des populations de races mêlées.

La stéatopigie disparaît vite par le croisement. L'allongement des nymphes est un caractère plus tenace. On le rencontre presque partout en Afrique.

Il est commun, même sur la côte occidentale de ce continent, dans les vallées du Rio-Nunès et de la rivière de Mellacorée. Il est normal chez les femmes Abyssiniennes, les Coptes et les Maures. Aussi l'usage de la circoncision des filles s'est-il établi sur les bords du Nil. Pline et Strabon en font mention. Voici en quels termes Pline s'exprime : *Nymphœ aliquando enormes sunt, quare Coptœ et Mauri circumcidunt.*

Il y avait donc aux temps anciens, sur la terre des Pharaons et dans les pays voisins, une race qui n'était pas sans affinité avec celle qui peuplait la région Pyrénéenne aux temps glyptiques. Il y eut une époque où les habitants de l'Europe occidentale et ceux de l'Afrique étaient liés par deux caractères communs qui affectaient les femmes : le développement des nymphes qui était presque général et la stéatopigie qui était beaucoup moins répandue. Sans doute, d'autres caractères pouvaient les différencier. Mais ils avaient probablement une origine commune et descendaient peut-être d'une race autochthone primitive, particulière à ces régions ou à des îles de l'Océan Atlantique d'où elle aurait essaimé.

Cette race qui n'est représentée aujourd'hui que par des rameaux inférieurs de l'humanité fut une de celles qui ont été le plus utiles à la civilisation. C'est une de ses branches qui, à l'époque glyptique, dans la terre de Gaule, tira l'homme de la barbarie. Non seulement elle inventa alors les arts plastiques, mais elle créa une foule d'outils et d'instruments dont plusieurs, comme l'aiguille, le harpon, la navette, la cuillère, la chevêtre sont encore en usage aujourd'hui. On a dit que ses arts et son outillage ont sombré avec elle, lors de l'invasion néolithique. Cela n'est pas entièrement vrai, puisqu'une partie de ses inventions est parvenue jusqu'à nous. Ses arts n'employaient pas seulement l'ivoire et la ramure du renne pour la sculpture; ils employaient aussi le bois que le temps détruit. Ils ont pu se propager facilement de tribu à tribu dans tous les pays occupés par la vieille race, sans laisser de traces que le temps ait épargnées; et qui sait si ce n'est pas à leur contact qu'après une longue série de siècles qui les avaient certainement modifiés, s'est allumé le génie égyptien?

Les familles glyptiques étaient encore peu nombreuses sur la terre de Gaule, quand le flot des immigrants néolithiques absorba celles qu'il ne détruisit pas. L'atavisme reproduit souvent en Europe, parmi les femmes de nos races actuelles, l'allongement des nymphes. On en a signalé des cas jusqu'à Leypsig. Je ne pense pas qu'il en soit de même pour la stéatopigie véritable. Mais si, dans l'ordre physique, nous ne voyons pas reparaître les gibbosités ancestrales, quelques personnes, parmi nous, ont conservé inconsciemment le goût de ces formes évanouies. C'est ce qui explique le succès des modes qui ont imposé aux femmes le pannier, la crinoline et le pouf.

Et maintenant, faible opuscule de quelques pages, va de par le monde, parler aux hommes affairés de nos villes, de ces temps éloignés où une race humaine, aux formes étranges, habitait nos régions, au milieu d'énormes animaux dont les espèces ont disparu, dans un décor grandiose de forêts et de vallées luxuriantes où les petits ruisseaux de nos jours grondaient comme des torrents ou s'étalaient en larges rivières. Peut-être, dans le tumulte des intérêts qui se croisent autour d'eux, trouveront-ils ta lecture plus reposante que celle de journaux qui excitent les passions ou de romans qui les peignent en les exagérant. Et si, dans quelques groupes, tu entends dire en parlant d'un de nos préhistoriens : « — Vois donc Odorhinac ! on » le savait érudit, on le connaissait comme bon » vulgarisateur, et le voilà qui est devenu un pion- » nier ; il défriche un champ inexploré et se trace » une voie nouvelle. » — Si tu entends dire cela, projette un rayon de lumière sur le chemin qu'il suit. Fais voir qu'il ne fait que marcher dans le sentier que j'ai frayé ; arrache lui ses plumes de paon. Montre que vulgarisateur il a été et vulgarisateur il est encore. Et ce sera sa punition d'être obligé de vulgariser les vérités que tu recèles dans tes feuillets. Que tu sois l'aiguillon douloureux qui s'attache à son flanc. Et que tu le découvres tel qu'il est devant le public auquel il se présente : un érudit de second ordre et un homme moins rempli de savoir que de savoir-faire.

Saint-Quentin. — Imp. Ch. Poëtte.

www.ingramcontent.com/pod-product-compliance
Lightning Source LLC
Chambersburg PA
CBHW060613050426
42451CB00012B/2237